Burckhard Mönter • Christine Faltermayr

Was ist da unten los?

Das Leben im Boden
und in der Erde

kbv LUZERN

Burckhard Mönter

ist Hochschullehrer und lebt mit seiner Familie in Wuppertal. Er hat zahlreiche Bücher und Drehbücher verfasst, in denen ökologische und naturwissenschaftliche Zusammenhänge veranschaulicht werden.

Christine Faltermayr

lebt mit Mann und Kind in Bayern am Starnberger See. Sie war zunächst Biologie-laborantin und studierte dann Kommunikations-Design an der FH Augsburg. Ihre Liebe zur Beobachtung und naturgetreuen Darstellung von Tieren und Pflanzen kann sie nun bei ihrer Arbeit als Illustratorin von Kinderbüchern und Zeitschriften umsetzen.

Von Burckhard Mönter ist beim kbv LUZERN außerdem erschienen:
Grüner Reichtum: Die Regenwälder dieser Erde
Kleider, Kleider, Kleider!

Burckhard Mönter (Text)
Christine Faltermayr (Illustrationen)
Was ist da unten los?
Das Leben im Boden und in der Erde

© 2001 by Kinderbuchverlag Luzern (Sauerländer AG), Aarau/Switzerland
Alle Rechte vorbehalten. Das Werk und seine Teile sind urheberrechtlich geschützt. Jede Verwertung in anderen als den gesetzlich zugelassenen Fällen bedarf deshalb der vorherigen schriftlichen Einwilligung des Verlages.

Reproduktion: Fotolitho Longo
Druck und Bindung: EuroGrafica

Printed in Italy

ISBN 3-276-00214-0

Die Deutsche Bibliothek – CIP-Einheitsaufnahme
Was ist da unten los? das Leben im Boden und in der Erde /
Burckhard Mönter; Christine Faltermayr. - Luzern: Kinderbuchverl., 2001
ISBN 3-276-00214-0

Inhaltsverzeichnis

Was ist da unten los? Wie sieht es
in der Erde unter unseren Füßen aus?

Der Boden –
ein Zuhause für Tiere

Der Fuchs gräbt einen neuen Bau. Neben seinem bisherigen Versteck wird eine Straße gebaut.

Die Erdhummeln bauen ihr Nest im Boden – oft in einem verlassenen Mauseloch. Aus den Waben schlüpfen die Larven, die sich im Boden in kleine Hummeln verwandeln.

Die Feldmaus hat Junge bekommen. Bei den Mäusen gehen Kinderstube und Vorratskammer ineinander über.

Der Siebenschläfer schläft sieben Monate in seiner Höhle. Viele Tiere, die im Winter nicht genug zu fressen finden, überstehen diese Zeit schlafend im Boden.

Die Kaninchen sind vorsichtig und legen mehrere Fluchtwege an. Eine Kammer ihres Baus wird das Kinderzimmer, das sie für die Jungen mit Gräsern auspolstern.

Das Eichhörnchen verbuddelt Eicheln, Bucheckern und Haselnüsse – und vergisst sie manchmal. Auf diese Weise »pflanzt« es neue Bäume, und zwar genau die, deren Nüsse und Samen es gerne mag.

Schnecken graben Löcher in den Boden und legen viele Eier ab. Nach einem Monat kriechen die Jungen aus dem Boden – kleine Schnecken mit noch durchsichtigem Haus.

Grille, Heuschrecke, Maikäfer und andere Insekten legen ihre Eier hier ab, aus den Eiern entwickeln sich Larven oder Engerlinge. Die Larven warten im Boden mehrere Jahre auf den ersten Ausflug ans Tageslicht.

Regenwürmer verbringen fast ihr ganzes Leben im Boden. Sie bauen lange Tunnel, indem sie sich durch die Erde fressen.

Im Boden können Tiere wohnen, sich verstecken, ihre Ruhe haben, sich vor Kälte schützen, ihre Jungen großziehen und aufwachsen lassen, Vorräte anlegen und Schätze vergraben. Der Boden ist nicht nur eine Fläche, auf der wir herumlaufen, mit Autos fahren oder Häuser bauen. Er ist voller Leben!

Wie sähe dein Zimmer im Boden aus?

Auch der Maulwurf lebt nahezu immer im Boden. Deshalb sieht man ihn so gut wie nie.

Der Boden lebt

Der Boden lebt auf ganz besondere Weise. Wenn wir im Garten, im Park oder im Wald das Laub vorsichtig beiseite schieben, krabbelt, kriecht und wimmelt es darunter. Die Erde unter unseren Füßen ist voller Leben! Um das zu entdecken, starten wir eine Expedition in die Tiefe.

Wie findet man guten, lebendigen Boden?

Es ist nicht schwer, lebendigen Boden zu finden. Viele Flächen sind zwar asphaltiert, betoniert, zugeschüttet oder bebaut. Aber selbst in der Stadt findet man unter Bäumen, auf Grünflächen und im Park offenen Boden. Wie erkennt man, dass die Erde, aus der der Boden besteht, lebendig ist? Ganz einfach, guter Boden ist locker, krümelt und duftet.

Der Weg in die Tiefe

Wenn man die Erde Schicht für Schicht vorsichtig abträgt und dabei genau hinschaut, beobachtet man Tiere, die aus den Erdkrümeln hervorkriechen, umherkrabbeln und sich verstecken: Regenwürmer graben sich wieder ein, Käfer, Spinnen und Vielfüßler wie der Hundertfüßler laufen über die Krümel, Insektenlarven strecken und winden sich.

Diese Tiere leben dicht unter der Erdoberfläche. Sie buddeln sich schnell wieder ein und versuchen zu flüchten. Der Boden ist ihr Lebensraum. Hier finden sie Schutz vor Feinden, es ist feucht und dunkel. Die Springschwänze sind, bezogen auf ihre Körpergröße, Weltmeister im Weitsprung. Sie krümmen sich, schnellen dann wie eine gespannte Feder auseinander und entkommen so ihren Feinden. Manche Asseln wenden einen besonderen Trick an: Sie rollen sich zur Kugel zusammen und kullern wie Murmeln immer tiefer hinab.

Obwohl uns alle diese Lebewesen winzig erscheinen, sind sie die »Elefanten« unter den Bodentieren.

Weiter unten wird es immer enger

Je tiefer wir in den Boden eintauchen, umso winziger werden die Lebewesen. Die Erde wird dichter und zwischen den Bodenteilchen bleibt weniger Platz. Kleinere Tiere in den Hohlräumen zwischen den Erdkrumen sind die Borstenwürmer, Milben, Fadenwürmer und Rädertiere. Es gibt aber noch kleinere Tiere: Die »Bodenschwimmer« in den winzigen Wasserblasen zwischen den Steinchen und Bodenkrümeln. Wimper- und Geißeltierchen und schwimmende Amöben leben in diesen Minitümpeln unter der Erde. Wenn sie sich zu Hundert hintereinander aufstellen würden, gäbe das eine Kette etwa so lang wie ein Fingernagel dick ist – weit weniger als ein Millimeter. Aber das sind noch längst nicht die kleinsten Bodenbewohner. Auf den Erdkrümeln und in den Spalten und Hohlräumen dazwischen leben Algen, Amöben, Bakterien und viele Pilze wie z. B. die Strahlenpilze. Es gibt einen Zoo voller toller Tiere unter der Erde!

DIE KLEINEN KOMMEN GROSS HERAUS

• Unter 1 m² Wiesenboden leben 100 bis 200 Regenwürmer, 250 Asseln, 500 Spinnen, 1000 Tausendfüßler, 2000 Borstenwürmer, 50 000 kleine Insekten und 10 Millionen Fadenwürmer.

• In einer Fingerspitze Boden leben mehr Tiere als Menschen auf der Erde.

• Man kann abschätzen, dass die Lebewesen im Boden fünfzigmal mehr wiegen als alle Menschen und Tiere über dem Boden zusammen.

EXPEDITION IN DIE UNTERWELT

Du brauchst eine kleine Schaufel oder einen Löffel, eine Schachtel, einen Becher (z. B. Jogurtbecher), einen feinen Pinsel und eine Lupe.

Mit der Schaufel sammelst du etwas Erde in der Schachtel, die du immer wieder abdeckst. So bleibt es für die Bodentierchen dunkel, kühl und feucht. Das ist wichtig, denn die Bodentierchen sind Licht und Trockenheit nicht gewöhnt und können sehr schnell eingehen. Was uns nichts ausmacht, ist für sie eine feindliche Welt.

Von den Steinen, Wurzeln und Pflanzenresten bürstest du die Tierchen mit dem Pinsel vorsichtig in den Becher ab. Auf dem hellen Becherboden lassen sie sich gut beobachten. Achtung – nur für kurze Zeit! Danach gibst du sie in die Schachtel zurück und schüttest sie später vorsichtig zusammen mit der Erde wieder dort aus, wo sie gesammelt wurden.

Dann deckst du vorsichtig Erde darüber.

Springschwanz

Pseudos-korpion

Fliegenlarve

Milbe

Ameise

Schneckeneier

Tausendfüßler

Nacktschnecke

Rollassel

Laufkäfer

Wolfs-spinne

Engerling

Steinkriecher

Ohr-wurm

Weberknecht

Erdläufer

Regenwurm

Spezialisten in der Tiefe

Ohne die Kleinen unter der Erde gäbe es auch über der Erde kein Leben. Denn sie meistern eine riesige Aufgabe: Sie lösen das Problem, wie man Abfall perfekt wieder verwertet und in etwas Nützliches umwandelt.

Im Herbst fallen die Blätter von den Bäumen und damit entstehen riesige Mengen an Laubabfall. Wir müssten uns schon bald durch Blätterberge buddeln, wenn sie nicht auf geheimnisvolle Weise verschwinden würden. Fressen sie die Tiere im Wald? Verweht sie der Wind? Wo bleiben die unzähligen abgefallenen Blätter?

WIE VIELE BLÄTTER FALLEN VON EINEM BAUM?

An einer etwa 10 Meter hohen Buche wachsen mehr als 200 000 Blätter. Wenn jedes 5 cm lang ist, ergeben sie als »Blätterkette« hintereinander gelegt eine Länge von mehr als 10 Kilometern. Alle diese Blätter zusammen ergeben eine gewaltige Menge Abfall!

Laubschichten

Untersucht man den Boden in einem Laubwald, wo Blätter dicht die Erde bedecken, entdeckt man drei Schichten, die sich deutlich unterscheiden:

Zuoberst findet man die frisch abgefallenen Blätter mit den Fraßspuren von Insekten. Darunter liegt teilweise verrottetes Laub, ein Jahr alt oder älter, in dem Insektenlarven überwintern. Noch tiefer stößt man auf eine krümelige Schicht von Blättern. Die Bodentierchen haben sie weitgehend zersetzt und in ihre Bestandteile zerlegt. Diese werden von den Wurzeln der Bäume, die diese Schicht durchziehen, als Nährstoffe aufgenommen.

Was ist mineralisieren?

Werden Blätter oder auch andere Pflanzenteile vollständig zerlegt, nennt man das auch »mineralisieren«. Mineral bedeutet Salz und es gibt viele Arten von Salz, nicht nur das Speisesalz. Salze spielen in der Natur eine wichtige Rolle, denn sie lösen sich in Wasser und sind Nährstoffe für alle Pflanzen. Sie werden aus Gestein ausgewaschen und vom Wasser weitergetragen. Und sie entstehen auch, wenn die Tiere ihre Nahrung verdauen und sie dabei immer weiter in die ursprünglichen Bestandteile zerlegen. Das ist vergleichbar mit einem Spielzeug, das man aus Bauteilen zusammen gesetzt hat. Ein neues Spielzeug kann man daraus erst wieder bauen, wenn man es auseinander nimmt und wieder einzelne Bausteine hat.

BLATT-KINO

Für das Blatt-Kino brauchst du Laub, das schon länger auf dem Boden oder im Wasser gelegen hat. Um die Blätter nicht zu beschädigen, legst du sie in eine Schüssel mit Wasser und löst sie vorsichtig voneinander. Wenn Blätter sich zersetzen, erkennst du, wie kunstvoll sie aufgebaut sind. Besonders gut ist das zu sehen, wenn du sie zwischen die Glasplättchen eines Diarahmens spannst und stark vergrößert auf eine Leinwand projizierst oder sie in der Schule auf einen Overheadprojektor legst.

Die Blatt-Geschichte

Ein Blatt fällt zu Boden, es ist jetzt Abfall – und eine spannende Geschichte beginnt. Das Blatt wird zu einer eigenen Welt. Zuerst siedeln sich Pilze und Bakterien darauf an. Sie lösen die härtere Haut des Blattes auf, fressen sie und leben davon. Springschwänze und Milben knabbern erste Löcher in das Blatt, Haar- und Schmetterlingsmückenlarven fressen weiter.

Was sie übrig lassen, ist Nahrung für die noch kleineren Lebewesen im Boden bis hin zu den Bakterien und Amöben, die von den Blattresten leben. Eine lange Kette von Spezialisten, die sich gegenseitig ergänzen, zerlegen das Blatt immer weiter, indem sie es auffressen. Wer frisst, der scheidet auch aus. Davon leben wieder andere Tiere im Boden, z.B. die Fadenwürmer. Zur Abwechslung fressen diese auch mal Bakterien – und die Milben verspeisen auch schon mal Fadenwürmer. Ein großes Fressen und Gefressenwerden im Boden – das Blatt verschwindet.

Der Regenwurm

Im Gras und im Rasen stecken oft einzelne, zusammengerollte Laubblätter senkrecht im Boden wie geheime Zeichen. Wer hat sie aufgestellt? Dem Geheimnis kommt man auf die Spur, wenn man nachts mit einer Taschenlampe die Wiese ableuchtet. Wenn es dunkel ist, kommen Regenwürmer aus dem Boden, suchen nach verwelktem Laub und ziehen es in ihre unterirdischen Gänge. Dabei rollen sich die Blätter zusammen und bleiben oft im Eingang der Regenwurmgänge stecken. Bakterien beginnen das Laub zu zersetzen und leisten damit die Vorarbeit für die Würmer. Diese ziehen die jetzt weichen, matschigen Blätter ganz in ihre Röhren und fressen sie.

Überall dort, wo die Pflanzen nicht zu tiefe Wurzeln haben, also in Wiesen, Feldern, Gärten und Parks, leben Regenwürmer unten im feuchten, kühlen Boden. Sie sind nicht blind, sondern können über lichtempfindliche Zellen in ihrer Haut hell und dunkel unterscheiden. Das ist wichtig, denn Tageslicht schadet ihnen. Sonnenstrahlen sind besonders schlimm für sie, das helle Licht lässt sie anschwellen und nach kurzer Zeit sterben.

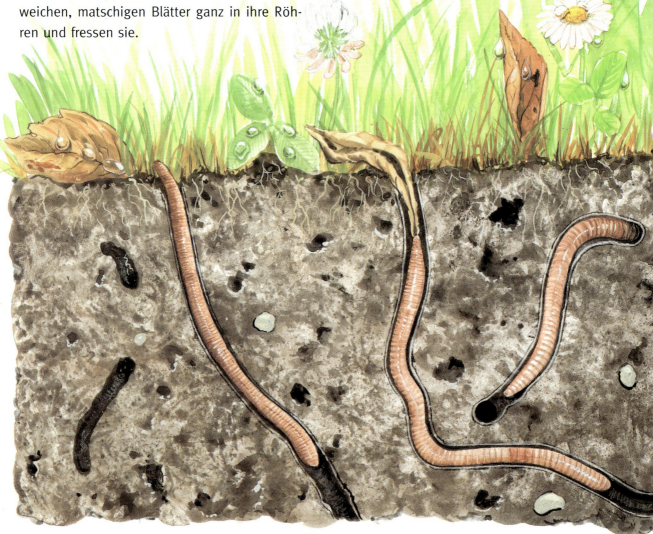

Ihre Tunnel tapezieren die Würmer mit Schleim, so rutschen sie leichter hindurch und verletzen sich nicht beim Kriechen. Ihre Haut ist daher immer feucht und etwas glitschig. Sie atmen auch durch ihre Haut. Wärme und fehlende Feuchtigkeit trocknen Haut und Körper aus und sind gefährlich. Mit ihrer glatten, feuchten, rosigen Haut sind Regenwürmer auch besonders empfindlich gegen festes Anfassen.

DER REGENWURM – EIN SCHWERGEWICHT

Der Regenwurm nimmt es an Gewicht leicht mit den Großen über der Erde auf: Alle Regenwürmer, die unter einer Wiese leben, bringen zusammen mehr Gewicht auf die Waage als die Kühe, die darauf grasen.
Erstaunlich ist auch: Alle Regenwürmer, die unter einer Wiese leben, wiegen mehr als alle anderen Bodenbewohner zusammen.

17

Ein Tag im Leben eines Regenwurms

In der Dunkelheit traut sich der Regenwurm ein kleines Stück aus seinem Gang heraus und sucht ein abgefallenes Blatt. Sogar nachts ist das gefährlich, wenn z.B. Igel auf der Suche nach Nahrung unterwegs sind. Igel, Kröten, Frösche, Eidechsen, sie alle mögen Würmer.

Der Wurm versucht mit dem Hinterteil in seinem Gang zu bleiben um bei Gefahr schnell unterzutauchen. Er macht sich ganz lang, findet ein Blatt, packt es mit dem Maul und zieht es in den Boden. Wenn Bakterien es aufgelöst haben, ist es für ihn später ein Festessen.

Den Tag über gräbt der Regenwurm neue Gänge, indem er sich durch den Boden buddelt und dabei die Erde auffrisst. Der Regenwurm hat nämlich keine Zähne, mit denen er Blätter und andere Pflanzenreste zerkauen kann. Er hilft sich mit den winzigen Steinchen, die er mit der Erde aufnimmt. Sie zermahlen die Nahrung in seinem Magen und Darm. Was der Wurm nicht verdaut, scheidet er als Kringel wieder aus. Damit seine unterirdischen Gänge nicht verstopfen, schiebt er sein Hinterteil aus dem Boden und setzt draußen ein Häufchen ab.

Die Regenwurmgänge sind auch wichtig für andere Tiere, denn durch sie wird die Erde mit frischer Luft versorgt. Regenwürmer bauen so eine Klimaanlage für den Boden. Pflanzenwurzeln folgen oft den Wurmgängen und können sich im Boden leichter ausbreiten. Aber auch der Hauptfeind des Regenwurms, der Maulwurf, steckt seine spitze Nase in den Gang, auf den er beim Graben stößt. Er schaufelt ihn auf, bis der Gang sich verzweigt. Der Maulwurf schnuppert hinein, unschlüssig, welchem Weg er folgen soll, und gibt die Suche nach der Beute auf. Gut, dass der Regenwurm ein Labyrinth von Gängen angelegt hat!

Über seine Haut kann der Regenwurm wahrnehmen, wenn es regnet – er spürt das Trommeln der Tropfen auf der Erdoberfläche. Bei Regen droht ihm Gefahr: Wasser kann die Gänge überfluten! So schnell wie möglich versucht der Wurm dann an die Oberfläche zu kommen um nicht zu ertrinken.

Lebensrettend ist für ihn, dass er auch rückwärts kriechen kann, denn umdrehen kann er sich in den engen Gängen nicht. Er schiebt sein Hinterteil vor, macht es dick, indem er es zusammenzieht, und klemmt es mit feinen Borsten am Körper im Gang fest. Er zieht sein Vorderteil nach, klemmt es fest, streckt sich und schiebt das Hinterteil vor. So rückwärts kriechend erreicht er die Oberfläche.

Aber darauf hat ein Vogel nur gewartet. Er schnappt das hintere Ende und versucht den Wurm aus dem Boden zu ziehen. Der Regenwurm wehrt sich. Er zieht sich zusammen, spreizt seine Borsten ab und hakt sich im Boden fest. Der Vogel zerrt fester mit seinem Schnabel und das hintere Wurmende reißt ab. Doch der Regenwurm hat noch Glück gehabt, denn sein Kopfende im Boden bleibt am Leben und wird bald ein neues Hinterende bilden.

Regenwurmkringel

Die Regenwurmkringel sind sehr fruchtbarer Humus. Mit den Häufchen kann man besonders gut die Topfpflanzen im Zimmer düngen.

Im Frühling fallen Regenwürmer mit einem dicken, orangefarbenen Gürtel auf. Die Würmer speichern hier die Eier, die sie später ablegen. Aber warum so auffällig, dass es jeder sieht? Die Würmer bilden ein Gift in diesem leuchtenden Gürtel. Vögel, die zuschnappen, werden krank. Sie merken sich das, die grelle Farbe wird zum Warnsignal und schützt die Regenwürmer.

WER ÜBERLISTET REGENWÜRMER?

Vögel, besonders Amseln, wenden einen Trick an um Regenwürmer zu erwischen. Sie trippeln auf dem Boden und ahmen aufprallende Regentropfen nach. Die Würmer tauchen auf und können gefressen werden.

Diesen Trick kannst du selber ausprobieren: Du steckst einen großen Löffel, ein Brettchen oder ein Lineal schräg in den Boden und klopfst leicht mit den Fingern darauf. Die Würmer lassen sich durch das Regengeräusch täuschen und kommen an die Oberfläche.

REGENWURM ALS KRATZBÜRSTE

Wenn du einen Regenwurm auf ein Stück Pergamentpapier setzt und an dein Ohr hältst, wirkt das Papier wie ein Lautsprecher. Wenn der Wurm sich bewegt, hörst du, wie seine Borsten über das raue Papier kratzen. Mit einer Lupe kannst du die Borsten sogar sehen.

Der Wurm muss danach sofort wieder in den Boden zurück.

Pflanzen brauchen
das Leben im Boden

Die Tiere im Boden leben von Blättern und anderen Pflanzenteilen. Auch wir essen Pflanzen als Gemüse, Salat und Obst. Aber wovon leben die Pflanzen? Woher nimmt ein Baum sein Baumaterial um immer neue Blätter wachsen zu lassen? Die Lösung dieses Rätsels liegt im Boden. Die winzigen Lebewesen zerlegen dort die Reste von Pflanzen und Tieren immer weiter bis hin zu Stoffen, die sich in Wasser lösen – Salze. Diese Salze sind Nährstoffe für die Pflanzen, die sie über ihre Wurzeln mit dem Wasser aus dem Boden aufnehmen.

Der »Laubabfall« ist das Futter für die Tiere im Boden, ihr »Abfall« ist Dünger für die Pflanzen. Ein perfekter Kreislauf, alles wird hier verwertet!

Tischlein deck dich – ohne Boden?

Der Boden ist nicht nur wichtig für die Tiere, die darin leben, sondern auch für uns. Er ist die Grundlage für nahezu alles, wovon wir uns ernähren. Ohne ihn gäbe es keine Butterbrote, denn Getreide braucht Boden zum Wachsen. Auch auf Marmelade und Süßes müssten wir verzichten. Denn die Bäume und Sträucher brauchen Boden um die Früchte wachsen zu lassen. Der Zucker wird aus Rüben gewonnen. Die wachsen, wie Kartoffeln auch, nur in der Erde. Pommes frites gäbe es ohne Boden also auch keine.

Der Boden ist die Grundlage für unser Leben.

WAS IST ABFALL, WAS MÜLL?

Um herauszufinden, was die Tiere im Boden umwandeln können, kannst du z.B. ein Stück Papier, ein Salatblatt, eine Plastiktüte, Kunststoffbesteck, Apfelkitschen, eine Getränkedose oder was dir noch einfällt, im Boden oder in einem Blumentopf mit Erde vergraben. Nach einigen Wochen schaust Du wieder nach. Was ist davon übrig geblieben? Der *Abfall* hat sich verändert, er wird in der Natur abgebaut und verwertet. Der *Müll* ist gleich geblieben, er bleibt übrig, die Tiere im Boden können nichts damit anfangen. Was geschieht mit dem, was wir wegwerfen? Müll bleibt liegen, im Wald genauso wie auf einer Müllkippe.

KOMPOST IN TEAMARBEIT

Wenn man mit den Bodentierchen zusammenarbeitet, wird aus Küchen- und Gartenabfällen gute nahrhafte Erde (Humus) für Pflanzen. Man kann im Garten oder auf dem Balkon einen Komposthaufen anlegen, auf den Blätter und Pflanzenreste aus dem Garten, von Zimmerpflanzen und alle ungekochten Pflanzenreste aus der Küche gelegt werden. Die Bodentierchen brauchen:
• Luft – Latten an den Seiten des Komposthaufens lassen sie hindurch. Damit auch von oben Luft heran kommt, werden die Abfälle locker aufgeschichtet.
• Wasser – Den Kompost vorsichtig gießen. Er soll feucht, aber nicht nass sein.
• Wärme – Der Komposthaufen soll an einem windgeschützten Platz aufgebaut werden.
• Kontakt zum Boden – Die Tierchen müssen einwandern können. Auf dem Balkon brauchst du deshalb eine dicke Schicht lebendigen Boden als Starthilfe für deinen Komposthaufen.
In etwa einem halben Jahr wird aus den Küchen- und Gartenabfällen duftende Erde, mit der Pflanzen gedüngt werden können.

Wasser und Luft im Boden

Wenn es regnet, versickert Wasser im Boden. Es füllt die Hohlräume zwischen den Bodenteilchen aus, löst die Nährstoffe für die Pflanzen und wird durch die Wurzeln aufgesogen. Der Boden kann Wasser speichern, Pflanzen überstehen so auch trockene Zeiten. Trifft das Wasser im Boden auf eine undurchlässige Schicht wie Ton oder Lehm, sammelt es sich darüber und bildet das Grundwasser. Dieses Wasser zwängt sich zwischen den Bodenteilchen hindurch und fließt ganz langsam über die undurchlässige Schicht. Stößt diese Schicht an die Oberfläche, quillt das Wasser aus der Erde heraus: So entsteht eine Quelle. Ein Bach beginnt von dieser Quelle seinen oberirdischen Lauf.

Bohrt man über einer solchen wasserundurchlässigen Schicht ein Loch in den Boden, sammelt sich darin das Grundwasser. Aus diesem Brunnen kann man das Wasser hochpumpen. Da es durch die Erde bereits gefiltert wurde, ist es klar und rein, man kann es trinken. Das meiste und das beste Trinkwasser aus den Wasserhähnen zu Hause kommt aus solchen Grundwasserbrunnen.

Der Boden atmet

Guter Boden ist wie ein Schwamm. In den Hohlräumen zwischen den Bodenteilchen befindet sich nicht nur Wasser, sondern auch Luft. Sie ist wichtig für die Kleinstlebewesen und Pflanzenwurzeln, die wie wir Luft zum Atmen brauchen. Diese »Bodenatmung« funktioniert nur bei lockeren, durchlässigen Böden. Wird im Wald durch schwere Fahrzeuge beim Holztransport oder auf dem Acker mit schweren Treckern die Erde zusammengepresst und verdichtet, gibt es diese Hohlräume nicht mehr. Der Boden kann nicht mehr atmen und kein Wasser speichern. Überall wo Straßen, Parkplätze, Häuser, Einkaufszentren, Fabriken, Flugplätze, usw. gebaut werden, kriegt der Boden einen Deckel aufgesetzt und wird von der Erdoberfläche abgeschnitten. Das Bodenleben bekommt keine Luft mehr und auch keine Blätternahrung. Das Wasser versickert dort nicht mehr, das Grundwasser wird nicht mehr aufgefüllt und verschwindet langsam. Die »Versiegelung« des Bodens zerstört das Zusammenspiel der Erde mit Luft, Wasser und dem Bodenleben. Wenn wir nicht aufpassen, können wir bald auf dem Trockenen sitzen.

EIN MINI-BRUNNEN

Du brauchst ein größeres, oben offenes Glasgefäß wie ein Gurkenglas, eine Glasschale oder ein kleines Aquarium. Dann benötigst du einen Kunststoffbecher z. B. einen Jogurtbecher, außerdem Erde oder Sand. Mit einem Nagel, den du mit einer Zange über einer Kerzenflamme erhitzt, schmilzt du viele Löcher in den Becherrand. Dann füllst du einen Teil der Erde in das Glasgefäß, setzt den Becher darauf und füllst das Gefäß mit dem restlichen Sand oder der Erde bis zum Becherrand auf. Jetzt kannst du beobachten, wie »Regenwasser« aus einer Gießkanne im Boden versickert und an der Verfärbung der Erde erkennst du, wie sich Grundwasser bildet. Es fließt durch den Boden und sammelt sich unten im Gefäß wie in einem Brunnen.

Was ist das eigentlich –
Boden?

Boden kann krümelig oder matschig sein und unterschiedliche Farben haben. Er kann nach Wald und Pilzen duften, nach modrigem Laub riechen oder stinken. Er kann kleine Steine und große Brocken enthalten. Was ist Boden, woraus besteht er?

Wenn man Boden in die Hand nimmt, kann man ihn oft zu einer Wurst ausrollen, er klebt zusammen. Dann enthält er Lehm oder Ton. Zerbröselt er, selbst wenn man ihn mit Wasser anfeuchtet, besteht er meist aus Sand.

Der Waldboden
Farbe: braun, etwas rötlich
fühlt sich an: oben krümelig
tiefer etwas schwierig
enthält: Lehm, Steine, Blätter
Nadeln, Aststückchen
Wurzeln
riecht: erdig
etwas modrig

BODEN-FORSCHUNG

Du brauchst ein Glas mit einem Schraubdeckel. Darin füllst du zu etwa einem Drittel den Boden hinein, den du untersuchen willst. Wir nehmen Boden von unterschiedlichen Stellen: Sand, lockere, klebrige und steinige Erde. Den Rest gießt du mit Wasser aus der Leitung auf und schüttelst das Ganze. Der Boden schwemmt im Wasser auf. Man kann beobachten, wie sich die einzelnen Bestandteile auflösen, das Wasser trüben und sich verschieden schnell setzen. Langsam klärt sich die undurchsichtige Mischung. Steine setzen sich zuerst ab, darüber schichten sich feine Steinteilchen und Schlamm. Das Wasser darüber hat eine ganz bestimmte Farbe, die von Bodenprobe zu Bodenprobe verschieden ist. Oben schwimmen oft Pflanzenteile und Insektenreste.
Du kannst auch untersuchen, wie der Boden sich anfühlt und wie er riecht.

Boden kann sehr verschieden sein. Er krümelt oder klebt, ist locker oder fest. Sandboden besteht aus kleinen Steinchen, Waldboden aus Braunerde und vielen weiteren Bestandteilen. Schwere Böden enthalten Lehm und Böden aus tieferen Schichten enthalten immer mehr Steine.

An einem Hang, wo Erde abgetragen wurde, erkennt man mehrere unterschiedliche Bodenschichten: ganz unten felsiger Untergrund, darüber Braunerde mit einzelnen Steinen, die nach oben immer weniger werden, bis zu einer dunklen,

krümeligen Schicht. Wachsen können die Pflanzen nur auf dieser Humusschicht, sie ist etwa 30 cm dick – eine dünne Haut der Erde. Woher stammt sie?

Wie entsteht Boden?

War Boden immer schon da oder bildet er sich? Kann man ihn aus Steinen und Felsen herstellen?

Die Natur schafft den Boden. Es beginnt mit Sonne, Wasser und Eis: Sie können Felsen und Steine zerbrechen. Im Sommer brennt die Sonne auf den Stein und erhitzt ihn an der Oberfläche, während er innen noch kalt bleibt. Die Oberfläche dehnt sich aus, das Innere nicht. Die Spannung zwischen außen und innen lässt den Stein zerspringen oder Risse und Spalten bekommen. Wasser dringt darin ein und wenn es gefriert, dehnt es sich aus und sprengt den Stein. Auf diese Weise bekommt das Wetter in Millionen Jahren auch große Felsen klein. Ein langer Zeitraum, den wir uns schwer vorstellen können – aber die Erde hat Zeit. Selbst die härtesten Brocken verwittern. Dieses Wort hat mit

»Wetter« zu tun, und genau das ist der Grund, warum Fels und Steine zerkrümeln. So wird ein Berg immer kleiner, er verwittert und wird abgetragen – nur durch Sonne und Regen, Hitze und Kälte. Das nennt man auch Erosion.

Zusätzlich geschieht etwas, das sich besonders gut in den Bergen beobachten lässt: Pflanzen verwandeln Felsen und Stein in Boden. Die Pflanzenpioniere wie die Flechten ätzen Steine an, lösen Salze heraus und hinterlassen geheimnisvolle Muster dabei. Der Wind weht Staub und Reste von Pflanzen heran, die sich in Rissen und Spalten ablagern. Irgendwann trägt er ein Samenkorn, z. B. von einem Moos mit sich, das in einer Spalte zu keimen beginnt. Es findet hier alles, was es zum Wachsen braucht: Wasser, das sich bei Regen in der Steinspalte sammelt, Salze, die sich aus dem Stein und den Staub darin lösen, und natürlichen Dünger aus Pflanzen und Tierresten. Das Moos wächst

heran, bildet selbst Samen, den der Wind fortträgt. Irgendwann stirbt es ab. Winzige Tiere, die ebenfalls vom Wind herangeweht wurden, zersetzen die Reste des Mooses und schaffen damit Dünger für neue Pflanzen. Später sterben auch die ab und zerfallen zu Humus, fruchtbarer Erde, von der sich wieder andere Pflanzen und die Bodentiere ernähren können. Allmählich siedeln sich immer mehr Pflanzen und Tiere an und bilden mehr und mehr Humus. Der Humus verteilt sich an der Erdoberfläche und vermischt sich mit den verwitternden Steinen. In Tausenden von Jahren erschaffen so das Wetter und die Tiere und Pflanzen aus kahlem Fels fruchtbaren Boden.

STEINBRUCH

Ein Stein mit Spalten wird in Wasser getaucht und ins Gefrierfach gelegt. Wenn das Wasser zu Eis gefriert, dehnt es sich aus und sprengt den Stein. Ein Stein kann auch zerspringen, wenn man ihn plötzlich erwärmt, indem man ihn in heißes Wasser taucht.

HUMUS IST FLEISSARBEIT

Um einen Zentimeter einer Humusschicht zu schaffen, benötigen Wetter, Pflanzen und Tiere im Boden etwa tausend Jahre.

Pflanzen machen Druck

Pionierpflanzen wie der Steinbrech, sprengen mit ihren Wurzeln Felsen. Löwenzahn und Huflattich wölben Asphaltschichten auf. Woher nehmen Pflanzen die Kraft? Das Geheimnis steckt in den Wurzeln. Damit nimmt die Pflanze Wasser auf, das durch die halb durchlässigen Zellwände der Pflanze wandert. Es verdünnt den Zellsaft, erhöht den Druck in den Zellen und lässt sie anschwellen. In den Spitzen der Pflanzenwurzeln entsteht ein Druck, der größer als der eines Pressluftmeißels werden kann.

Wenn der Boden ins Rutschen kommt

Der fruchtbare Humus ist eine sehr empfindliche Bodenschicht. Wasser kann sie wegspülen und Wind kann sie verwehen. Aber Pflanzen schützen den Boden. Sie halten ihn nicht nur mit ihren Wurzeln fest und bremsen den Wind. Bei Regen fangen ihre Blätter die Wucht der Tropfen ab und geben das Wasser langsam an den Boden weiter. Es dringt in die lockere Erde ein, füllt die Zwischenräume der Bodenteilchen und sickert gleichmäßig zum Grundwasser ab.

Wo Wälder gerodet oder Bäume durch Schadstoffe krank werden und absterben, fehlen die Wurzeln, die den Boden halten, und schützende Blätter, die bei Regen das Wasser zurückhalten.

Bei einem starken Schauer prasseln große Wassermengen auf einmal auf den nackten Boden und können so schnell nicht versickern. Sie bilden reißende Bäche und schwemmen den Boden weg. Flüsse treten über die Ufer und überfluten das Land. In den Bergen kommen kahle Hänge ins Rutschen. Sie stürzen ins Tal und reißen dabei immer mehr Erde und Steine mit. Erdrutsche, Muren und Schlammlawinen können das Leben der Menschen bedrohen, Häuser verschütten und große Zerstörungen anrichten.

Weniger spektakulär sind die kleinen alltäglichen Schäden: Einige Bäume werden gefällt um z.B. eine neue Straße zu bauen. Oder ein Acker wird mit schweren Traktoren bearbeitet, der Boden wird zusammengequetscht und für Wasser undurchlässig. Das Regenwasser kann jetzt nicht mehr versickern, es fließt schnell ab und spült auf der freien Fläche die obere fruchtbare Bodenschicht ab. Eine gelbbraune Brühe zeigt: Die Erde geht den Bach herunter.

Ungeschützter Boden ist auch ein leichtes Spiel für den Wind, er trägt die lockere fruchtbare Schicht als Staub davon. Das geschieht besonders dort, wo der Boden zur Landwirtschaft intensiv genutzt wird. Riesige Flächen werden dort mit schweren Maschinen bearbeitet und mit Mitteln behandelt um Unkraut- und Schädlinge zu bekämpfen. Das zerstört die lockere Bodenschicht und schädigt die Tiere darin. Meist wurden hier auch noch Hecken und Waldstreifen, die den Wind bremsen, gerodet. Nach der Ernte ist der Ackerboden ausgelaugt und der Sonne schutzlos ausgesetzt, weil der Schatten der Pflanzen fehlt. Der Boden bekommt Trockenrisse und verliert damit seine letzte Feuchtigkeit. Er zerbröselt zu Staub. Fruchtbare Gebiete werden so zerstört.

Die Erde als Zuhause

Für unsere Vorfahren waren Erde und Boden etwas Besonderes. Aus der dunklen Erde wuchsen auf geheimnisvolle Weise Pflanzen hervor, von denen sie leben konnten. Vor Wind, Regen und Kälte fanden die Menschen in Erdlöchern, Felsspalten und Höhlen Schutz. Unter der Erde verbrachten sie einen Teil ihres Lebens und hinterließen dort Spuren. Höhlenwände schmückten sie mit Malereien aus farbiger Erde: Mit Bildern von ihren Jagdtieren und von sich selbst. In diesem »Bilderbuch« können wir heute lesen und etwas über ihr Leben erfahren.

Später, als unsere Vorfahren schon in Häusern wohnten, bestatteten sie ihre Toten in Höhlen. Auch heute vergraben wir die Verstorbenen in der Erde. Was wird aus den Toten? Ihr Körper löst sich langsam auf und das, woraus er besteht, kehrt wieder in den Kreislauf des Lebens zurück. Der Boden nimmt zu Ende gegangenes Leben auf und verwandelt es für neues Leben. Den Bäumen wachsen neue Blätter und Gräser können Halme wachsen lassen. Das, woraus Verstorbenes bestanden hat, lebt weiter – ein Kreislauf des Lebens.

Die Menschen früher haben das vielleicht nicht gewusst, aber empfunden. Sie haben die Erde als Spenderin von Wachstum und Fruchtbarkeit verehrt. Auf der ganzen Welt gab es den Glauben an die »Mutter Erde«. Im alten Ägypten war Isis die Erdgöttin, Kybele hieß sie im Orient, Rhea in Griechenland, Jörd bei den Germanen und Pachamama bei den Inkas. Die Erdgöttin stellte man sich als die Mutter alles Lebendigen vor und glaubte, dass sie in Höhlen, Schluchten oder einfach unter dem Erdboden wohnt. Aus der Tiefe bringt sie alles Leben hervor und zu ihr kehrt das Leben zurück. Vielleicht geht das Wort »Mutterboden« darauf zurück.

Eine schöne Vorstellung – wenn der Erdboden wie eine Mutter ist, dann sind wir alle ihre Kinder: die Menschen, die Pflanzen und die Tiere!

Stichwortverzeichnis